D1858067

hänssler

Bilder:

dpa, Seite 5, 32
foto-present, Seite 19, 22 (Lachmann), 61 (Radke)
Anthony-Verlag, Seite 38, 50.

Die Deutsche Bibliothek – CIP – Einheitsaufnahme

Scheffbuch, Winnrich:
Fröhliche Weihnacht / Winnrich Scheffbuch. –
Neuhausen-Stuttgart : Hänssler, 1991
(TELOS-Bücher ; Nr. 665 : TELOS-Taschenbuch)
ISBN 3-7751-1700-8
NE: GT

TELOS-Taschenbuch Nr. 665
Bestell-Nr. 70.665

Titelbild: Bildarchiv Hober / Garmisch-Patenkirchen
Umschlaggestaltung: Daniel Dolmetsch
Satz: AbSatz Ewert-Mohr, Klein Nordende
Printed in Germany

Winrich Scheffbuch

FRÖHLICHE WEIHNACHTEN

Nun beginnt die schöne Zeit

Weihnachten!
Überall wird man jetzt daran erinnert.
Lichterketten hängen über den Straßen.
Weihnachtliche Lieder tönen aus den Geschäften.
In den Häusern werden Kerzen angezündet.
Ich liebe das warme, flackernde Licht.
Alles ist verwandelt.
Ob das nur äußerlich ist?
Darum möchte ich mir Zeit zur Stille nehmen
in diesen geschäftigen Tagen.
Immer wieder möchte ich die Bibelworte hören,
in denen Gott sein Kommen ankündigt.
Er will selbst das Licht sein,
das alle Welt erleuchtet
und auch das Dunkel hell macht.
Immer neue Generationen haben das erlebt;
in Angst und Schrecken blickten sie auf Jesus
und wurden froh.
Wir können die Traurigkeit
und die schweren Gedanken der Verzweiflung
nicht wegdrücken.
Wie eine schwere Last liegen sie auf uns
und schnüren uns ein.
Doch uns gilt die Freudenbotschaft:
„Euch ist der Heiland geboren!
Christus der Herr!“
Er kommt zu uns,
steht vor der Tür und klopft an.
Ihn möchte ich sehen.
Ihm möchte ich begegnen in diesen Tagen.

Es bleibt nicht dunkel

Es wird nicht dunkel bleiben über denen, die in Angst sind.

Jesaja 8,23

Das Volk, das im Finstern wandelt, sieht ein großes Licht, und über denen, die da wohnen im finstern Lande, scheint es hell.

Jesaja 9,1

Mache dich auf, werde licht; denn dein Licht kommt, und die Herrlichkeit des Herrn geht auf über dir!

Denn siehe, Finsternis bedeckt das Erdreich und Dunkel die Völker; aber über dir geht auf der Herr, und seine Herrlichkeit erscheint über dir.

Jesaja 60,1-2

Jesus Christus spricht:
„Ich bin das Licht der Welt.
Wer mir nachfolgt,
der wird nicht wandeln in der Finsternis,
sondern wird das Licht des Lebens haben."

Johannes 8,12

Freude, die nicht vergeht

So sehr hat Gott die Welt geliebt,
daß er seinen eingeborenen Sohn gab,
damit alle, die an ihn glauben,
nicht verloren werden,
sondern das ewige Leben haben.

Johannes 3,16

In der Welt ist alles nichtig;
nichts ist, das nicht kraftlos wär.
Hab ich Hoheit, die ist flüchtig;
hab ich Reichtum, was ist's mehr
als ein Stücklein armer Erd?
Hab ich Lust, was ist sie wert?
Was ist's, das mich heut erfreuet,
das mich morgen nicht gereuet?

Aller Trost und alle Freude
ruht in dir, Herr Jesu Christ.
Dein Erfreuen ist die Weide,
da man satt und fröhlich ist.
Leuchte mir, o Freudenlicht,
ehe mir mein Herze bricht.
Laß mich, Herr, an dir erquicken;
Jesu, komm, laß dich erblicken!

Paul Gerhardt

Auf dem Weihnachtsmarkt

Wir hatten gewartet, bis es ganz dunkel war.

Dann zogen wir mit unseren Kindern auf den Weihnachtsmarkt. Vor dem Rathaus standen die hell erleuchteten Buden. In der Luft lag der süße Duft gebrannter Mandeln. Weihnachtslieder erklangen.

Jedes Kind durfte sich etwas kaufen. Aber was?

Obwohl sie kurz stehenblieben, war es keiner der vielen Hosenträger, die dort auf der Schnur hingen. Vielleicht faszinierte sie nur das große Sortiment der breiten und schmalen Bänder mit ihren bunten Farben.

Auch Schuheinlagen waren es nicht, die sie lockten. Dabei war es bitter kalt an diesem Abend. Die Kinder froren auch.

Lange Zeit standen sie da und schauten gebannt auf den Mann, der wie ein Wasserfall reden konnte und sein Küchenmesser als wahres Wunderstück anpries.

Ja, staunen mußte man eigentlich an jeder Ecke. Aber was sie kaufen wollten, wußten sie immer noch nicht.

Endlich hatten sie es gefunden. Es war ein unscheinbares Tütchen. Nur eine Mark wird es gekostet haben. Mehr wirklich nicht.

Damit zogen sie so glücklich durch die Nacht, daß kein Wunsch mehr offen blieb. Es war ein Päckchen Wunderkerzen.

Dann kam der große Augenblick, als eine der geheimnisvoll sprühenden Kerzen angezündet wurde. Die Funken stoben leuchtend durch das schwarze Dunkel der Nacht.

Im fahlen Schein des Lichtes konnte man in die strahlenden Kindergesichter sehen. Überglücklich schauten sie in das Funkenmeer.

Erst in der Nacht entfaltete das Licht seine ganze Schönheit. Das war so wunderbar. Da mußten die Kinder hinsehen. Das war ihr Licht. Wenn eine Kerze verloschen war, mußte rasch die nächste entzündet werden.

Ob diese Kinder nicht mehr begriffen haben als wir Älteren?

Die Bibel beschreibt es ja ganz ähnlich.

Wie ein strahlender Lichtglanz erscheint Gottes Liebe mitten in der dunklen Welt. Die Strahlen fallen immer tiefer, bis sie dort hineinleuchten, wo Menschen in Traurigkeit und im Schatten des Todes sitzen.

Erinnerungen

Überall feiern sie jetzt.
Nur bei mir brechen wehmütige Erinnerungen auf.
Ich denke an vergangene Tage,
als wir auch noch fröhlich lachten.
Alles erinnert jetzt nur an früher.
Lichter und Kerzen,
Tannenzweige und Geschenke
sind nicht mehr,
was sie mir früher bedeuteten.
Jetzt weckt das nur traurige Gedanken,
lauter schmerzende Gefühle.
Ich will verdrängen, vergessen,
doch es gelingt mir nicht.
Die Einsamkeit liegt schwer auf mir.
Wie soll ich das ertragen?
Ach, Herr, komm in meine Dunkelheit!

Nicht fliehen will ich jetzt,
sondern mitten in der Traurigkeit
mit dir feiern.
Wo du hingehst,
bringst du auch die Freude mit.
Du erscheinst denen,
die da sitzen in Finsternis
und im Schatten des Todes.
Ich will mich freuen an dir
und dir danken für das Fest,
das du anbrechen läßt.
Danke, Herr,
daß du bei denen bist,
die traurig und allein sind.
Du möchtest mir begegnen
und mich fröhlich machen.
Danke, daß ich dir begegnen darf.

Selbst erlebt

Zu Weihnachten gehören Grüße, die man austauscht. Lange Zeit hat man nichts mehr von den alten Freunden gehört. Wie freut man sich da über einen Gruß!

Wie es ihnen geht? Schön, wenn man mit dem Gruß noch etwas Persönliches erfährt.

Schade, wenn die Grüße nur einen vorgedruckten Satz enthalten. Das ist doch kalt, unpersönlich.

Einmal erhielt ich einen originellen Weihnachtsbrief. Er war zwar nur vervielfältigt, weil er an viele Bekannte ging. Aber da schrieb jemand, er hätte mit besonderer Liebe die Adresse persönlich geschrieben. Das rührte mich so sehr, daß ich nochmals den Umschlag aus dem Papierkorb holte. Wirklich mir persönlich zugedacht.

Auch die weihnachtlichen Grüße in der Bibel sind ganz persönlich ausgedrückt und formuliert.

Maria singt ihr Lied laut und hörbar. Das Singen bedeutet in diesen Weihnachtstagen ja uns allen besonders viel. Maria ist ganz tief von einer großen Freude erfüllt. Sie singt von der Güte Gottes, weil sie diese selbst erlebt und erfahren hat.

Mit ihrem Singen will sie Gott groß machen. Menschen in Not und Trauer sollen es hören und neuen Mut finden. Gott hat sich auch zu ihr ganz tief herabgebeugt. Jetzt weiß sie, daß Gott an ihr und durch sie wunderbar wirken möchte.

Es ist ein Lied aus der Tiefe. Maria weiß nicht, wie alles werden soll. Sie ist ganz unten. Sie hat keine Hilfe, keinen Schutz, keinen Beistand. Sie ist arm.

Doch gerade da erlebt sie Gottes Güte. So singt sie: „Gott hat seine Magd in ihrer Niedrigkeit angesehen!" Sie erkennt, wie Gott sich um sie sorgt. Darum preist sie ihn.

Das ist ihr Lied und ihre Freude: Gott kennt mich und kümmert sich um mich! Wer ist so hoch wie unser Gott, der zu den Niedrigen heruntersieht! So weit beugt sich Gott herunter, ganz tief bis zu uns.

Sie selbst weiß keine Lösung mehr. Sie ist völlig hilflos. Doch sie blickt vertrauensvoll auf den ewigen Gott. Er ist bei denen, die ihn fürchten. Er erhebt die Niedrigen. Er sättigt die Hungrigen mit Gütern.

Die großen Taten Gottes geschehen in aller Stille. Oft sieht man sie kaum. Immer aber benützt Gott solche schwachen Leute wie Maria. Darum ist sie wirklich nicht allein. Der Herr selbst ist bei ihr. Er vollbringt seine großen Taten mit schwachen Menschen.

Das ist wahr, daß Gott in aller Stille seine großen Pläne weltweit zu Ende bringt. Es ist gut, wenn man wie Maria sagen kann: „Siehe, ich bin des Herrn Magd; mir geschehe, wie du gesagt hast."

Der Lobgesang der Maria

Meine Seele erhebt den Herrn,
und mein Geist freut sich Gottes, meines Heilandes;
denn er hat die Niedrigkeit seiner Magd angesehen.
Siehe, von nun an werden mich selig preisen alle Kindeskinder.
Denn er hat große Dinge an mir getan,
der da mächtig ist und dessen Name heilig ist.
Und seine Barmherzigkeit währt von Geschlecht zu Geschlecht
bei denen, die ihn fürchten.
Er übt Gewalt mit seinem Arm und zerstreut,
die hoffärtig sind in ihres Herzens Sinn.
Er stößt die Gewaltigen vom Thron
und erhebt die Niedrigen.
Die Hungrigen füllt er mit Gütern
und läßt die Reichen leer ausgehen.
Er gedenkt der Barmherzigkeit
und hilft seinem Diener Israel auf,
wie er geredet hat zu unsern Vätern,
Abraham und seinen Kindern in Ewigkeit.

Lukas 1,46-55

Macht hoch die Tür!

Machet die Tore weit
und die Türen in der Welt hoch,
daß der König der Ehre einziehe!

Wer ist der König der Ehre?
Es ist der Herr,
stark und mächtig,
der Herr, mächtig im Streit.

Machet die Tore weit
und die Türen in der Welt hoch,
daß der König der Ehre einziehe!

Wer ist der König der Ehre?
Es ist der Herr Zebaoth;
er ist der König der Ehre.

Psalm 24,7-10

Komm, o mein Heiland Jesu Christ,
meins Herzens Tür dir offen ist.
Ach zieh mit deiner Gnade ein;
dein Freundlichkeit auch uns erschein.
Dein Heilger Geist uns führ und leit
den Weg zur ewgen Seligkeit.
Dem Namen dein, o Herr,
sei ewig Preis und Ehr.

Georg Weissel

Advent

Komm in unsre stolze Welt,
Herr, mit deiner Liebe Werben.
Überwinde Macht und Geld,
laß die Völker nicht verderben.
Wende Haß und Feindessinn
auf den Weg zum Frieden hin.

Komm in unser reiches Land,
Herr, in deiner Armut Blöße,
daß von Geiz und Unverstand
willig unser Herz sich löse.
Schaff' aus unserm Überfluß
Rettung dem, der hungern muß.

Komm in unsre laute Stadt,
Herr, mit deines Schweigens Mitte,
daß, wer keinen Mut mehr hat,
sich von dir die Kraft erbitte
für den Weg durch Lärm und Streit
hin zu deiner Ewigkeit.

Komm in unser festes Haus,
der du nackt und ungeborgen.
Mach ein leichtes Zelt daraus,
das uns deckt kaum bis zum Morgen.
Denn wer sicher wohnt, vergißt
bald, daß unterwegs er ist.

Komm in unser dunkles Herz,
Herr, mit deines Lichtes Fülle,
daß nicht Hochmut, Angst und Schmerz
deine Wahrheit uns verhülle,
die auch noch in tiefer Nacht
Menschenleben herrlich macht.

Hans Graf von Lehndorff

Frohes Fest!

Die Vorbereitungen für die Festtage
laufen jetzt auf Hochtouren.
Überall ruft man sich Grüße zu,
auf der Straße und im Laden.
Offen gesagt,
es könnte auch nur ein nichtssagender Spruch sein.
Fast gedankenlos sagt man vor sich hin:
„Schöne Weihnachten!“
Aber meinen wir es wirklich so?
Es geht um mehr als Tannenduft und Leckereien.
Jesus, der Herr,
will in diesen Tagen bei Ihnen einkehren
und bei Ihnen Wohnung nehmen.
Er kommt denen besonders nahe,
die sehr einsam sind.
Er kann fröhlich machen,
die den Kopf hängen lassen.
Dunkle, böse Dinge,
die geschehen sind,
will er völlig vergeben und auslöschen.
Er bürgt mit seinem Leben und Sterben dafür.
Trauernde, im Würgegriff des Todes,
hören das Wort vom Leben,
das Gott schenkt und das ohne Grenzen ist.
Müde und Schwache bekommen neue Kraft.
Aus seiner Fülle kann man nehmen
Gnade um Gnade.
Das ist richtiges Weihnachten!

Der lang erwartete Messias – ein Kind!

Uns ist ein Kind geboren,
ein Sohn ist uns gegeben,
und die Herrschaft ruht auf seiner Schulter;
und er heißt Wunder-Rat,
Gott-Held, Ewig-Vater,
Friede-Fürst;
auf daß seine Herrschaft groß werde
und des Friedens kein Ende
auf dem Thron Davids und in seinem Königreich,
daß er's stärke und stütze
durch Recht und Gerechtigkeit
von nun an bis in Ewigkeit.
Solches wird tun der Eifer des Herrn Zebaoth.

Jesaja 9,5-6

Gelobet seist du, Jesu Christ,
daß du Mensch geboren bist
von einer Jungfrau, das ist wahr;
des freuet sich der Engel Schar.
Kyrieleis.

Des ewgen Vaters einig Kind
jetzt man in der Krippe findt;
in unser armes Fleisch und Blut
verkleidet sich das ewig Gut.
Kyrieleis.

Den aller Welt Kreis nie beschloß,
der liegt in Marien Schoß;
er ist ein Kindlein worden klein,
der alle Ding erhält allein.
Kyrieleis.

Das ewig Licht geht da herein,
gibt der Welt ein' neuen Schein;
es leucht' wohl mitten in der Nacht
und uns des Lichtes Kinder macht.
Kyrieleis.

Er ist auf Erden kommen arm,
daß er unser sich erbarm
und in dem Himmel mache reich
und seinen lieben Engeln gleich.
Kyrieleis.

Martin Luther

Eine Weihnachtsfeier in Bethlehem

Zum erstenmal feierte ich Weihnachten mit meiner Missionsgemeinde in Bethlehem. Vor mir in der Kapelle waren Araber in ihren malerischen Trachten versammelt. Es war, als ob an diesem Abend alle Christen aus den fünf Erdteilen bei uns zu Gast wären.

In einer Ecke hatte ich einen Engländer entdeckt, der zwischen Araber eingekeilt war, aber kein Auge von mir wandte. Ich trat nach dem Gottesdienst auf ihn zu und lud ihn ein, mein Gast zu sein. Da stellte er sich als Bischof Hannington vor, der zum Missionsbischof von Uganda im Innersten Afrikas ernannt worden war. In der Jugend war er ein reicher Erbe, ein toller Student in Oxford gewesen. Es schien ihm eine glänzende weltliche Laufbahn zu winken. Aber dann war Christus in sein Leben getreten. Da hatte er seine glänzenden Aussichten fahrengelassen um Ihm zu dienen, der in Bethlehem geboren wurde. Wir standen später eine Zeitlang auf meinem flachen Dach und schauten schweigend hinein in die „stille, heilige Nacht", aus der die Lichter von Bethlehem, namentlich aber das flammend rote Licht über der Geburtskirche, festlich heraufleuchteten.

„Ach", sagte Hannington, „Sie glauben nicht, wie dankbar ich bin, daß ich bei Ihnen habe einen Weihnachtsgottesdienst mitfeiern dürfen, in dessen Mittelpunkt Gottes Wort das wahre Weihnachtslicht bildete.

All dies prunkvolle und geistlose Getriebe drunten in der Geburtskirche hatte mich traurig gemacht. Da kam ich hierher, und wenn ich auch kein Wort Arabisch verstehe, ich wußte doch, was Sie sagten. Ich freute mich, wie alle dem Weihnachtsevangelium lauschten. Davon will ich meinen Heiden in Afrika erzählen." Bewegt sprach er von seinem letzten Weihnachtsfest bei Weib und Kind in England. Dann war der Ruf nach Afrika an ihn ergangen.

Wer hätte damals ahnen können, daß es sein letztes Weihnachten auf Erden war? Gegen Ende des nächsten Jahres erhielt ich seine Todesnachricht. Noch nicht achtunddreißigjährig, hatte er den Märtyrertod erlitten. Weit im Innern des Landes hatte ihn der König Muanga von Uganda, der einen Landesfeind in ihm argwöhnte, fangen und nach qualvoller, unwürdiger Haft töten lassen. Als ihn die Leute des Königs aus seinem Gefängnis herausholten, meinte er, er solle freigelassen werden. Als er aber aus ihren Anstalten plötzlich den vollen Ernst des Todes erkannte, richtete sich seine edle Gestalt noch einmal hoch auf, und er sprach: „Ich sterbe für Uganda; sagt es dem König!" Dann kniete er nieder und starb unter den Speeren der Heiden. Noch oft in meinem späteren Leben, wenn wieder die Weihnachtsglocken läuteten, berührte es mich wie ein Gruß des edlen Märtyrers, der sein letztes Weihnachtsfest in meinem Hause gefeiert hatte.

Eine Christenverfolgung schloß sich in Uganda an die Ermordung des Missionsbischofs an. Wie ein Lauffeuer ging es bei allen eingeborenen Christen von Mund zu Mund, daß sein letztes Wort gewesen sei: „Ich sterbe für Uganda, und ich habe die Straße dahin mit meinem Blut erkauft." Die Schwarzen starben wie Helden, ihrem Bischof nach. Kein Wort der Klage, kein Angstruf, keine Verwünschung kam über die Lippen der Märtyrer, wenn sie gequält und getötet wurden. Staunend berichtete der oberste Richter dem tyrannischen Muanga: „Noch niemals sind in Uganda Menschen so tapfer und ruhig gestorben wie diese Christen. Sie haben noch in den Flammen gesungen und zu Gott gebetet."

Aber die Geschichte ist noch nicht aus. Sie hat noch eine wunderschöne, echt weihnachtliche Fortsetzung. Später wurde der inzwischen auf den Thron gelangte Sohn des grausamen Muanga ein Eigentum Jesu Christi. Der Sohn des Bischofs Hannington, den der Vater damals weinend in England zurücklassen mußte, hat ihn getauft. Der Sohn des Mörders wurde von dem Sohn des Ermordeten in die Gemeinschaft und in den Frieden der Jünger des Heilands aufgenommen.

Dr. Ludwig Schneller
(nach einer Begegnung im Jahr 1884 in Bethlehem)

Die Geburt Jesu

Es begab sich aber zu der Zeit,
daß ein Gebot von dem Kaiser Augustus ausging,
daß alle Welt geschätzt würde.
Und diese Schätzung war die allererste
und geschah zur Zeit,
da Quirinius Statthalter in Syrien war.
Und jedermann ging,
daß er sich schätzen ließe,
ein jeder in seine Stadt.
Da machte sich auf auch Josef
aus Galiläa, aus der Stadt Nazareth,
in das jüdische Land zur Stadt Davids,
die da heißt Bethlehem,
weil er aus dem Hause und Geschlecht Davids war,
damit er sich schätzen ließe mit Maria,
seinem vertrauten Weibe; die war schwanger.
Und als sie dort waren,
kam die Zeit, daß sie gebären sollte.
Und sie gebar ihren ersten Sohn
und wickelte ihn in Windeln
und legte ihn in eine Krippe;
denn sie hatten sonst keinen Raum in der Herberge.

Und es waren Hirten in derselben Gegend
auf dem Felde bei den Hürden,
die hüteten des Nachts ihre Herde.
Und der Engel des Herrn trat zu ihnen,
und die Klarheit des Herrn leuchtete um sie;
und sie fürchteten sich sehr.
Und der Engel sprach zu ihnen:

Fürchtet euch nicht!
Siehe, ich verkündige euch große Freude,
die allem Volk widerfahren wird;
denn euch ist heute der Heiland geboren,
welcher ist Christus, der Herr,
in der Stadt Davids.
Und das habt zum Zeichen:
ihr werdet finden das Kind in Windeln gewickelt
und in einer Krippe liegen.

Und alsbald war da bei dem Engel
die Menge der himmlischen Heerscharen,
die lobten Gott und sprachen:

Ehre sei Gott in der Höhe
und Friede auf Erden
bei den Menschen seines Wohlgefallens.

Und als die Engel von ihnen gen Himmel fuhren,
sprachen die Hirten untereinander:
Laßt uns nun gehen nach Bethlehem
und die Geschichte sehen,
die da geschehen ist,
die uns der Herr kundgetan hat.

Und sie kamen eilend
und fanden beide, Maria und Josef,
dazu das Kind in der Krippe liegen.
Als sie es aber gesehen hatten,
breiteten sie das Wort aus,

das zu ihnen von diesem Kind gesagt war.
Und alle, vor die es kam,
wunderten sich über das,
was ihnen die Hirten gesagt hatten.
Maria aber behielt alle diese Worte
und bewegte sie in ihrem Herzen.
Und die Hirten kehrten wieder um,
priesen und lobten Gott für alles,
was sie gehört und gesehen hatten,
wie denn zu ihnen gesagt war.

Aus Lukas 2

Frieden gestiftet

Jauchzet, ihr Himmel,
frohlocket, ihr Engel, in Chören,
singet dem Herren,
dem Heiland der Menschen, zu Ehren!
Sehet doch da:
Gott will so freundlich und nah
zu den Verlornen sich kehren.

Jauchzet, ihr Himmel,
frohlocket, ihr Enden der Erden!
Gott und der Sünder,
die sollen zu Freunden nun werden.
Friede und Freud
wird uns verkündiget heut;
freuet euch, Hirten und Herden!

Sehet dies Wunder,
wie tief sich der Höchste hier beuget;
sehet die Liebe,
die endlich als Liebe sich zeiget:
Gott wird ein Kind,
träget und hebet die Sünd!
Alles anbetet und schweiget.

Gerhard Tersteegen

Wo ist der Gott der Liebe?

„Was sagen Sie denn zu den grausamen Ereignissen?“ fragte mich ein Mann aus der Nachbarschaft. Er war ganz erregt von den schrecklichen Bildern in den Fernsehnachrichten.

Wer ist da nicht erschüttert und betroffen? Was soll ich da sagen? Doch der andere rief empört: „Und wo ist jetzt Ihr Gott der Liebe?“

Ist es nicht jedes Jahr ähnlich, wenn wir Weihnachten feiern? Man könnte meinen, statt Freude müßte dieses Jahr die Trauer vorherrschen. Können wir nun wirklich fröhlich feiern? Es gibt so viel in der Welt, über das man verzweifeln könnte.

Doch die Weihnachtsgeschichte gibt uns die richtige Antwort.

Wo ist Gott?

Ganz nah, mitten in der grausamen Welt. Dort, wo es ganz dunkel und kalt ist.

Das haben die Hirten erlebt. Sie saßen frierend in der Nacht vor den Toren der Stadt Bethlehem. Doch dann wurde es hell. Ein strahlendes Licht leuchtete um sie her. Es war die Macht und Gegenwart des lebendigen Gottes. Sie hielten die Hände vors Gesicht.

So hatten sie sich Gott nicht vorgestellt.
Vielleicht dachten sie, Gott sei irgendwo ein blasser, verschwommener Gedanke in nebelhafter Ferne.
Doch dann standen sie in seinem Licht.
Das alles jedoch nicht im heiligen Bezirk des Tempels, sondern draußen vor den Toren der Stadt.
Hier auf den Feldern, mitten in ihrem Arbeitsfeld.

Warum erschraken sie eigentlich? Sie fürchteten sich sehr, erzählt das Evangelium.

Erst vor dem heiligen Gott erkannten sie, wie sie täglich fern von Gott und ohne ihn lebten. Sie hatten sein Wort verdrängt und seine Gebote übertreten.

Nun war ihnen Gott auf den Fersen und suchte sie voller Liebe und Güte. Das ist der Anfang der Weihnachtsfreude. Gott geht uns nach und ruft uns. Wenn man dies plötzlich merkt, mag man erschreckt auffahren.

Aber dann entdeckten die Hirten auch, daß man Gott finden kann. Nicht das übernatürliche Geschehen war das wichtige Ereignis. Sondern da war eine Stimme, die sie weiterwies nach Bethlehem: „... Ihr werdet finden!"

Dann zeigte ihnen Gott, wie er liebend für sie brennt. Er führte sie an die Krippe, in der Jesus lag. Das möchte Gott uns auch in diesen Weihnachtstagen zeigen. Er möchte uns zu Jesus, seinem Sohn, dem Erlöser der Welt, führen. Dorthin müßt ihr gehen, wo ihr Jesus findet.

Ob da die Nöte der Welt nicht heruntergespielt werden?

Ich bin sicher, nein! Jesus hat diese schreckliche Welt mit ihren Leiden ertragen. Er blieb arm und ohne Dach über dem Kopf. Menschen stellten sich gegen ihn und verleumdeten ihn. Die Welt wollte ihn zerbrechen, doch trotzdem hat er nie mit seiner Liebe aufgehört.

Wo ist der Gott der Liebe?

Er steht vor der Tür und klopft an. Er sucht die Müden und Verzagten und sagt ihnen: „Fürchte dich nicht!"

Am Telefon belauscht

Es war kurz vor Weihnachten.

Als ich abnehme, meldet sich eine Kinderstimme.

„Wer ist dort?“

Offenbar hatte der kleine Kerl einfach an der Wählscheibe gedreht. Unbemerkt von seinen Eltern ging er auf Entdeckungsreise. Und jetzt hatte er zufällig meine Nummer gewählt.

Nein, über den versehentlichen Fehlanruf habe ich mich nicht geärgert. Es gibt ja kaum etwas Schöneres, als vor Weihnachten mit Kindern zu plaudern. Wie die sich freuen können! So kam eine nette Unterhaltung in Gang.

„Wird Weihnachten wirklich schön?“

„Natürlich!“ sagte der kleine Bursche.

„Bist du denn sicher, daß du überhaupt etwas geschenkt bekommst?“ Ich wollte es genau wissen.

Doch das Kind lachte nur ganz laut ins Telefon. Dann sprudelte es aus dem kleinen Kindermund: „Du bist aber dumm! An Weihnachten kriege ich immer was geschenkt!“ Er erzählte mir dann von seiner Mutter, dem Vater, von Onkeln und Tanten. Er wußte es ganz genau, daß ihm alle etwas ganz Wunderbares schenken werden. So schön, daß er es sich noch überhaupt nicht vorstellen konnte.

Warum sind wir nur so bescheiden geworden? Gott möchte uns doch beschenken. Wenn irdische Väter und Mütter schon so viel bei ihren Kindern können, wieviel mehr möchte uns dann der Vater im Himmel mit seiner Liebe überschütten.

Die Welt erkannte ihn nicht

In ihm war das Leben,
und das Leben war das Licht der Menschen.
Und das Licht scheint in der Finsternis,
und die Finsternis hat's nicht ergriffen.

Er kam in sein Eigentum;
und die Seinen nahmen ihn nicht auf.
Wie viele ihn aber aufnahmen,
denen gab er Macht,
Gottes Kinder zu werden,
denen, die an seinen Namen glauben.

Das Wort ward Fleisch
und wohnte unter uns,
und wir sahen seine Herrlichkeit,
eine Herrlichkeit
als des eingeborenen Sohnes vom Vater,
voller Gnade und Wahrheit.
Und von seiner Fülle
haben wir alle genommen
Gnade um Gnade.

Aus Johannes 1

Wir werden beschenkt

Seht, welch eine Liebe
hat uns der Vater erwiesen,
daß wir Gottes Kinder heißen sollen.
Meine Lieben, wir sind schon Gottes Kinder;
es ist aber noch nicht offenbar geworden,
was wir sein werden.
Wir wissen aber:
wenn es offenbar wird,
werden wir ihm gleich sein;
denn wir werden ihn sehen,
wie er ist.

1.Johannes 3,1-2

Ich will nicht kleine Gaben,
du Gotteskind, von dir;
dich selber will ich haben
und bitten, daß auch mir
du magst geboren heißen,
der Welt und Sünde mich
auf ewiglich entreißen
und ziehen ganz an dich.

Henriette Katharina von Gersdorf

Die Großmutter mit dem Enkel

Im Museum wurde jährlich zu Weihnachten die große Tiroler Krippe aufgebaut. Sie entstand im letzten Jahrhundert.

Mitten in einer verschneiten Bergwelt sind all die Szenen der Weihnachtsgeschichte dargestellt. Man kann lange davorstehen und entdeckt doch immer wieder Neues.

Plötzlich wurde ich abgelenkt. Eine alte Frau erklärte einem kleinen Mädchen, was da zu sehen war. Am schönsten war die Freude der Oma, wenn sie ihrem Enkelkind in breitem Schwäbisch immer wieder zurief: „Da, guck!" Dort sind die Hirten auf dem Feld. Hinten in dem Bergtal sieht man schon die Weisen aus dem Morgenland heranziehen, die dem Stern folgen. Da stehen die Leute von Bethlehem in Gruppen zusammen.

Ich muß der alten Frau zuhören. Schöner kann man die Weihnachtsgeschichte wirklich nicht erklären. Sie weiß tatsächlich auch alle kleinen Begebenheiten und erzählt es mit einer fröhlichen Begeisterung. Dann strahlt sie: „Dort isch des Christkendle in dr Krippe!"

Ich sehe das Mädchen an, das in den Stall blickt.

Ist das alles, was die alte Frau dazu sagt? Warum sagt sie nicht mehr? Es ist nicht nur ein kleines Kind. Es ist doch Jesus, der Sohn des lebendigen Gottes im Himmel.

Die Engel auf dem Hirtenfeld haben es doch richtig in die dunkle Nacht gerufen: Der Heiland ist geboren! Diese Freudennachricht geht die ganze Welt an. Es ist Christus, der Messias und Herr der Welt. Er ist der Richter am Jüngsten Tag.

Das macht doch das Weihnachtsfest so groß, daß dieser ewige Sohn Gottes zu uns kommt und unser Bruder wird.

Unbegrenzt mächtig

O Freudenzeit, o Wundernacht,
dergleichen nie gefunden.
Du hast den Heiland hergebracht,
der alles überwunden,
du hast gebracht den starken Mann,
der Feur und Wolken zwingen kann,
vor dem die Himmel zittern
und alle Berg erschüttern.

Brich an, du schönes Morgenlicht,
und laß den Himmel tagen!
Du Hirtenvolk, erschrecke nicht,
weil dir die Engel sagen,
daß dieses schwache Knäbelein
soll unser Trost und Freude sein,
dazu den Satan zwingen
und letztlich Frieden bringen.

Johann Rist

O mächtger Herrscher ohne Heere,
gewaltger Kämpfer ohne Speere,
o Friedensfürst von großer Macht!
Es wollen dir der Erde Herren
den Weg zu deinem Thron versperren,
doch du gewinnst ihn ohne Schlacht.

Friedrich Rückert

Weiße Weihnacht?

Ob es dieses Jahr an Weihnachten Schnee gibt?
Darüber reden viele. Es wäre doch zu schön...
Für uns gehört das irgendwie zu Weihnachten.
Nicht nur Kinder freuen sich am Schnee.
Doch das Äußere ist nicht entscheidend,
auch nicht die Stimmung und die Träume.
In vielen Ländern feiern sie Weihnachten
in tropischer Hitze und heftigen Regengüssen.
Mitten im Urwald kommen sie zusammen
und singen die schönen Lieder.
Das Evangelium ist dasselbe,
das uns und aller Welt verkündigt wird:
„Siehe, ich verkündige euch große Freude,
die allem Volk widerfahren wird!"
Sie feiern Christnacht in den Slums von Bombay
und auf den Schiffen im Pazifik.
In chinesischen Hausgemeinden
und in den Dörfern des afrikanischen Sahel.
In allen Nationen und Völkern und Sprachen,
über alle Grenzen hinweg.
Manches mag dort anders sein.
Wir können davon lernen.
Mich hat die afrikanische Sitte beeindruckt,
wie sie in der Christnacht auf die Straßen gehen
und dort ihre Lieder singen.
Sie machen es wie die Hirten, die allen berichteten,
was sie gehört und gesehen hatten.
Wie wird das einmal sein, wenn alle Knie sich beugen
und alle Zungen bekennen,
daß Jesus Christus der Herr ist!

Mit den Hirten anbeten

Herbei, o ihr Gläubigen,
fröhlich triumphieret,
o kommet, o kommet nach Bethlehem!
Sehet das Kindlein,
uns zum Heil geboren!
O lasset uns anbeten,
o lasset uns anbeten,
o lasset uns anbeten den König!

Du König der Ehren,
Herrscher der Heerscharen,
du ruhst in der Krippen im Erdental,
Gott, wahrer Gott, von Ewigkeit geboren!
O lasset uns anbeten,
o lasset uns anbeten,
o lasset uns anbeten den König!

Kommt, singet dem Herren,
o singt ihr Engelchöre,
frohlocket, frohlocket, ihr Seligen:
Ehre sei Gott im Himmel und auf Erden!
O lasset uns anbeten,
o lasset uns anbeten,
o lasset uns anbeten den König!

Dir, der du bist heute
Mensch für uns geboren,
Herr Jesu, sei Ehre und Preis und Ruhm,
dir, fleischgewordnes Wort des ewgen Vaters!
O lasset uns anbeten,
o lasset uns anbeten,
o lasset uns anbeten den König!

Heinrich Ranke

Eine verkrachte stille Nacht

Es war damals vor den Toren der kleinen Stadt Bethlehem keine stille Nacht.

Die Nachtruhe der Hirten war dahin.

Was sie eben noch bewegte, war unwichtig geworden. Ich weiß nicht, ob sie Flöte spielten. Ich stelle sie mir nüchterner vor. Wahrscheinlich froren sie in dieser Nacht erbärmlich. Dann sprachen sie wie alle Leute immer und überall von den schlechten Zeiten, den hohen Steuern und den steigenden Preisen.

Doch bei den Hirten ist etwas geblieben.

Das Evangelium, die Nachricht von Jesus, trieb sie um. Das hat sie in Alarm versetzt. Sie können nicht mehr sitzenbleiben und über Engel träumen. Sie wußten, daß für sie diese Nacht keine „stille Nacht" werden durfte.

So liefen sie los, ließen ihre Herden im Stich. Sie mußten schnell dorthin, wo das Evangelium sie hinwies.

Wenn wir das doch heute verstehen würden! Das Evangelium will uns in Bewegung versetzen, damit wir Jesus, unseren Heiland, suchen.

Es genügt nicht, wenn wir in diesen Tagen Liebe schenken und einander Freundlichkeit erweisen. Das ist ja alles nur ein Abbild einer noch viel herrlicheren Sache.

Gott will uns in diesen Tagen sein Herz aufschließen. Er interessiert sich für uns, sucht uns und geht uns nach. Wie um die Hirten oder Maria, so kümmert er sich auch um uns.

Das ist nichts zum Träumen. Nüchterne Leute horchen auf und hören die große Botschaft dieses Evangeliums. Aber es genügt ihnen nicht, daß die Engel davon erzählen. Sie müssen selbst erfahren, ob es wahr ist, daß es einen Heiland gibt.

Offenbar kann man in der Christnacht das Wichtigste verpassen.

Licht in meine Dunkelheit

Dies ist die Nacht, da mir erschienen
des großen Gottes Freundlichkeit;
das Kind, dem alle Engel dienen,
bringt Licht in meine Dunkelheit,
und dieses Welt- und Himmelslicht
weicht hunderttausend Sonnen nicht.

Laß dich erleuchten, meine Seele,
versäume nicht den Gnadenschein;
der Glanz in dieser kleinen Höhle
streckt sich in alle Welt hinein;
er treibet weg der Höllen Macht,
der Sünden und des Kreuzes Nacht.

In diesem Lichte kannst du sehen
das Licht der klaren Seligkeit;
wenn Sonne, Mond und Stern vergehen,
vielleicht noch in gar kurzer Zeit,
wird dieses Licht mit seinem Schein
dein Himmel und dein Alles sein.

Kaspar Friedrich Nachtenhöfer

Ich sehe dich mit Freuden an

Ich steh an deiner Krippe hier,
o Jesu, du mein Leben;
ich komme, bring und schenke dir,
was du mir hast gegeben.
Nimm hin, es ist mein Geist und Sinn,
Herz, Seel und Mut, nimm alles hin
und laß dir's wohl gefallen.

Ich lag in tiefster Todesnacht,
du warest meine Sonne,
die Sonne, die mir zugebracht
Licht, Leben, Freud und Wonne.
O Sonne, die das werte Licht
des Glaubens in mir zugericht',
wie schön sind deine Strahlen!

Ich sehe dich mit Freuden an
und kann mich nicht satt sehen;
und weil ich nun nichts weiter kann,
bleib ich anbetend stehen.
O daß mein Sinn ein Abgrund wär
und meine Seel ein weites Meer,
daß ich dich möchte fassen!

Eins aber, hoff ich, wirst du mir,
mein Heiland, nicht versagen:
daß ich dich möge für und für
in, bei und an mir tragen.
So laß mich doch dein Kripplein sein,
komm, komm und lege bei mir ein
dich und all deine Freuden!

Paul Gerhardt

Krippenspiel

Es muß ja ein wunderbarer Augenblick gewesen sein, als die himmlischen Heerscharen draußen auf dem Hirtenfeld ihren Lobgesang anstimmten. Da hätte ich gerne gelauscht. Keiner von uns hat je etwas so vollkommen Schönes hören und erleben können.

Als Kinder haben wir es einmal versucht. Wir Geschwister übten ein Krippenspiel ein und wollten die Weihnachtsgeschichte darstellen. Es sollte eine Überraschung für die Eltern werden.

Eigentlich wollte ich Hirte sein. Mir imponierte der große Schlapphut und der Stock. Aber meine Brüder ließen keine Diskussion zu. Ich wurde als Engel eingeteilt.

Das Nachthemd der Mutter gab mir den nötigen himmlischen Anstrich.

Aufgeregt wartete ich auf meinen großen Auftritt.

Meine Rolle hatte ich mir gut eingeprägt. Mit dem Schrei „Ich verkündige euch große Freude!" sollte ich vom Eßtisch springen. Doch schon beim Absprung verhedderte ich mich in das weite Nachthemd und krachte dann mit meinen schweren Nagelstiefeln so heftig auf den Fußboden, daß meine Mutter fürchterlich erschrak und laut aufschrie. Das machte das Chaos perfekt.

Kein Bengel kann sich mit ein paar weißen Kleidungsstücken in einen Engel verwandeln!

Als Prediger des Evangeliums bin ich oft traurig, daß ich die Weihnachtsbotschaft nicht wie die Engel verkündigen kann, sondern nur sehr unvollkommen. Ich würde gerne einem himmlischen Sprecher Platz machen.

Aber ich darf den Platz nicht räumen. Schon die Bürger von Jerusalem haben keine Engel mehr gesehen. Sie hörten die frohe Kunde nur aus dem Mund der Hirten. Aber denen nahmen sie die nicht ab. Sie zweifelten und wunderten sich über das, was diese erzählten.

Man mag sich an den Boten Gottes ärgern, die von Jesus berichten. Man mag sich an ihrem Aussehen und ihrer Sprache stoßen. Aber es geschieht durch das von ihnen mitgeteilte Evangelium, daß Gott einen hellen Schein in die dunkle Welt gibt.

Traurige schöpfen Hoffnung und werden fröhlich. Verzweifelte blicken zuversichtlich in die Zukunft. Gebundene und belastete Menschen werden befreit.

Das möchte ich von den Hirten lernen: Wir müssen allen erzählen, was wir gesehen und gehört haben.

Alle sollen es erfahren: „Jesus, der Heiland, ist geboren!“

„Wenn Kinder brav sind…“

Es ist schon schlimm, was für üble Scherze man sich mit kleinen Kindern erlaubt. Da erzählt man ihnen Jahr für Jahr denselben Unsinn – und das ausgerechnet an Weihnachten.

Da heißt es dann: „Wenn du brav bist, kommt das Christkind!“

Aber das Christkind kam doch gerade deshalb, weil wir böse sind. Warum werden die Dinge total verdreht?

Es kann einen schon das Heulen überkommen, wie tief Menschen fallen können. Einst geehrt, weit anerkannt und geachtet, über Nacht gehaßt, verspottet, gedemütigt.

Wir Menschen sind Wesen, die sehr viel falsch machen. Wir versagen und enttäuschen. Wir sind verführbar und schwach. Es ist schon schlimm, was sich in jedem Leben abspielt.

In solch ein Leben kam Jesus. Er nahm unser Fleisch und Blut an.

Warum das so wichtig ist? Es geschah für mich. Da werden plötzlich gewaltige Veränderungen möglich. Wenn Jesus die Grenzen eines fehlerhaften Menschen völlig sprengte, dann kann ich Hoffnung schöpfen.

Jetzt ist nur wichtig, daß die Kraft Christi sich in meinem Leben auswirken und darstellen kann. Christus soll in mir leben und mich verändern.

Es ist merkwürdig, wie Jesus in seinem Wesen mit allen Schwächen und äußeren Belastungen ganz Mensch bleibt. Aber er lebt den völligen Gehorsam Gott gegenüber.

Davon handelt die Weihnachtsgeschichte, daß Gott unser notvolles Leben wiederherstellt. Seine Liebe will uns erfüllen, sein Geist der Wahrheit will in uns wirken. Seine Demut soll uns prägen, seine Reinheit uns erfüllen. Er will uns durch und durch erneuern.

Neu gestaltetes Leben

Jesus ist kommen, Grund ewiger Freude;
A und O, Anfang und Ende steht da.
Gottheit und Menschheit vereinen sich beide;
Schöpfer, wie kommst du uns Menschen so nah!
Himmel und Erde, erzählet's den Heiden:
Jesus ist kommen, Grund ewiger Freuden.

Jesus ist kommen, nun springen die Bande,
Stricke des Todes, die reißen entzwei.
Unser Durchbrecher ist nunmehr vorhanden;
er, der Sohn Gottes, der machet recht frei,
bringet zu Ehren aus Sünde und Schande;
Jesus ist kommen, nun springen die Bande.

Jesus ist kommen, der König der Ehren;
Himmel und Erde, rühmt seine Gewalt!
Dieser Beherrscher kann Herzen bekehren;
öffnet ihm Tore und Türen fein bald!
Denkt doch, er will euch die Krone gewähren.
Jesus ist kommen, der König der Ehren.

Jesus ist kommen, die Ursach zum Leben.
Hochgelobt sei der erbarmende Gott,
der uns den Ursprung des Segens gegeben;
dieser verschlinget Fluch, Jammer und Tod.
Selig, die ihm sich beständig ergeben!
Jesus ist kommen, die Ursach zum Leben.

Johann Ludwig Konrad Allendorf

Aufregung um einen Pfefferkuchen

In einem Brief aus der Sowjetunion erzählt ein 80jähriger Mann die schönste Weihnachtserinnerung seines Lebens:

„Wir waren eine arme Bauersfamilie. Wir wohnten im Wald in Nordkarelien. Damals, am Anfang des Jahrhunderts, litten wir unter der Armut. Die wirtschaftliche Lage unter der Dorfbevölkerung unserer Gegend war sehr schlecht. Weihnachtsgeschenke waren bei uns unbekannt.

Zu Weihnachten gehörte bei uns eine gründliche Reinigung der Stube, dann die Weihnachtssauna, das Singen der Weihnachtslieder und das Lesen der Weihnachtsgeschichte. Und dann gehörte auch der Weihnachtstisch dazu, wo man sich wirklich einmal sattessen konnte.

Als ich sieben Jahre alt war, erkrankte ich gerade zu Weihnachten. Und dann brachte der Vater uns zum ersten Mal Weihnachtsgeschenke. Ich und mein Bruder erhielten zum ersten Mal einen mit Zuckerornamenten geschmückten Pfefferkuchen.

Es war für mich etwas so Gewaltiges, als hielte ich das Beste in der ganzen Welt in meiner Hand. Gewiß konnte und wollte ich den Kuchen auch nicht gleich aufessen, sondern legte meinen Schatz neben mein Krankenbett auf ein Schränkchen hin.

Meine Aufregung war so groß, daß ich auch nachts nicht einschlafen konnte. So hörte ich mitten in der Nacht, wie mein Bruder aufstand und leise, ganz leise zu meinem Pfefferkuchen schlich. Ich wurde starr vor Schreck, daß mein Bruder so etwas tut!

Als er wieder zurückgeschlichen war, tastete ich nach meinem Pfefferkuchen – und da lagen zwei! Mein Bruder wollte, daß ich einen Kuchen aufessen und den andern bewundern konnte. Das ist das schönste Weihnachtsgeschenk meines Lebens geblieben!

Auch wir sind heute aufgefordert, unseren Pfefferkuchen weiterzugeben, besonders an Menschen in Not und Traurigkeit. Möge in der Welt heute, wo die Starken oft das Letzte des Schwachen und Kranken stehlen, sich dieser echte Brudergeist in der Praxis offenbaren.

Gerade wenn es Nacht ist, leuchten die Sterne am hellsten. Die Liebe Christi bleibt dennoch die größte Gewalt. Und dies ist auch uns anvertraut!"

Nach „Dein Reich komme", Mitteilungen des Missionsbundes Licht im Osten, Korntal, 6/1975, S. 4

Von der Furchtlosigkeit

Und Zacharias, der Vater Johannes des Täufers,
wurde von dem Heiligen Geist erfüllt,
weissagte und sprach:
„Gelobt sei der Herr, der Gott Israels!
Denn er hat besucht und erlöst sein Volk
und hat uns aufgerichtet eine Macht des Heils
im Hause seines Dieners David
– wie er vorzeiten geredet hat
durch den Mund seiner heiligen Propheten –,
daß er uns errettete von unsern Feinden
und aus der Hand aller, die uns hassen,
und Barmherzigkeit erzeigte unsern Vätern
und gedächte an seinen heiligen Bund und an den Eid,
den er geschworen hat unserm Vater Abraham,
uns zu geben, daß wir, erlöst
aus der Hand unsrer Feinde,
ihm dienten ohne Furcht unser Leben lang
in Heiligkeit und Gerechtigkeit vor seinen Augen.
Und du, Kindlein Johannes,
wirst ein Prophet des Höchsten heißen.
Denn du wirst dem Herrn vorangehen,
daß du seinen Weg bereitest,
und Erkenntnis des Heils gebest seinem Volk
in der Vergebung ihrer Sünden,
durch die herzliche Barmherzigkeit unseres Gottes,
durch die uns besuchen wird
das aufgehende Licht aus der Höhe,
damit es erscheine denen,
die sitzen in Finsternis und Schatten des Todes,
und richte unsere Füße auf den Weg des Friedens.“

Nach Lukas 1

Ein Eisklotz taut auf

Der englische Schriftsteller Charles Dickens schrieb vor über 100 Jahren seinen berühmten „Weihnachtsabend".

Im Mittelpunkt seiner Erzählung steht der Geizhals Scrooge. Dickens schildert ihn als einen raffenden, saugenden, pressenden, scharrenden, packenden, habgierigen Blutsauger. Keine Hitze konnte ihn erwärmen. Keine Kälte konnte ihn zum Frösteln bringen. Für Weihnachten hatte er nur ein „Bah, dummes Zeug!" übrig.

Doch es kommt zum Happy-End. Auch der giftige Scrooge wird aufgetaut. Weihnachten macht's möglich.

Ist das eigentlich wahr?

Träume können nett sein. Man freut sich an Schneeflocken und Kerzen. Wir alle sehnen uns nach ein wenig Frieden und ein bißchen Liebe.

Ganz anders spricht dagegen die Bibel. Dort erkennt man erst das Ausmaß des Weltelends. Mitten in der Not leben verzweifelte Menschen, die keinen Ausweg mehr wissen. Sie finden keine Liebe unter den Menschen. Alle sind so hart, selbstsüchtig und abweisend.

Aber da greift Gott ein. Sein größtes Wunder geschieht im Kommen Jesu, des Messias. Die ersten, die ihm begegneten, zweifelten wie wir. Sie wichen scheu zurück. Verstehen konnten sie das alles nicht.

Dann, erst später am großen Pfingsttag, hat Gott den Heiligen Geist vielen geschenkt. Mit einem Mal verstanden sie, was da geschehen war. Sie begriffen, daß Jesus, das Kind in der Krippe, unser Heiland und Erlöser ist.

Ihn muß man im Glauben als Herrn persönlich aufnehmen. Wer so in Jesus Christus und mit ihm lebt, ist eine völlig neue Schöpfung. Das Alte ist vergangen. Es ist alles funkelnagelneu geworden.

Das ist das große Weihnachtswunder.

Von der Krippe in den Tempel

Und siehe,
ein Mann war in Jerusalem, mit Namen Simeon;
und dieser Mann war fromm und gottesfürchtig
und wartete auf den Trost Israels,
und der Heilige Geist war mit ihm.
Und ihm war ein Wort zuteil geworden von dem Heiligen Geist, er solle den Tod nicht sehen,
er habe denn zuvor den Messias des Herrn gesehen.
Und er kam auf Anregen des Geistes in den Tempel.
Und als die Eltern das Kind Jesus in den Tempel brachten, um mit ihm zu tun, wie es Brauch ist nach dem Gesetz, da nahm er ihn auf seine Arme und lobte Gott und sprach:

„Herr, nun läßt du deinen Diener in Frieden fahren,
wie du gesagt hast;
denn meine Augen haben deinen Heiland gesehen,
den du bereitet hast vor allen Völkern,
ein Licht, zu erleuchten die Heiden
und zum Preis deines Volkes Israel."

Und sein Vater und seine Mutter wunderten sich über das, was von ihm gesagt wurde.
Und Simeon segnete sie und sprach zu Maria, seiner Mutter:

„Siehe, dieser ist gesetzt
zum Fall und zum Aufstehen für viele in Israel
und zu einem Zeichen, dem widersprochen wird
– und auch durch deine Seele wird ein Schwert dringen –,
damit vieler Herzen Gedanken offenbar werden."

Aus Lukas 2

Welt ging verloren, Christ ist geboren!

O du fröhliche,
o du selige,
gnadenbringende Weihnachtszeit!
Welt ging verloren,
Christ ist geboren.
Freue, freue dich, o Christenheit!

O du fröhliche,
o du selige,
gnadenbringende Weihnachtszeit!
Christ ist erschienen,
uns zu versühnen.
Freue, freue dich, o Christenheit!

O du fröhliche,
o du selige,
gnadenbringende Weihnachtszeit!
Himmlische Heere
jauchzen dir Ehre.
Freue, freue dich, o Christenheit!

Was steckt eigentlich hinter dem Trubel?

Überall laufen jetzt die Vorbereitungen zum Fest. Geschäftig eilen die Menschen durch die Straßen. Viel ist noch zu erledigen.

Was für eine schöne Sache! Am Kinderzimmer hängt ein Zettel: „Betreten verboten!“ Überraschungen werden ausgedacht. Viel Liebe ist da tätig.

Ob wir uns nicht freuen sollten? Es ist doch eine schöne Unruhe. Jeder überlegt sich, wie er andern eine Freude machen kann. Das Jahr über ärgert man sich und macht einander oft viel Not. Aber jetzt an Weihnachten ist jeder wie verwandelt.

Über den Weihnachtsrummel und all den Trubel möchte ich mich nicht beschweren.

Wenn das wirklich nur eine Aktion der Kaufhäuser wäre, dann könnte man das ja auch sonst beliebig wiederholen. Die Wirtschaftsleute wären froh, wenn sie den Trick wüßten, um die Wirtschaft beliebig anzukurbeln und aus der Talsohle zu holen.

Bestimmt hat manches nur sehr wenig mit Weihnachten zu tun. Mich interessiert aber, was dahinter steckt und alle Leute so gewaltig in Bewegung bringt?

Es ist das Kind in der Krippe. Auch nach fast 2000 Jahren kann keiner achtlos daran vorübergehen. Alle, auch die sich sonst nicht um Jesus kümmern, sind von der Liebe Gottes irgendwie angerührt. Wir müssen auf die Weihnachtsgeschichte hören, wenn wir der großen Freude richtig auf die Spur kommen wollen.

Es beginnt wie eine ganz alltägliche Geschichte. Da sind zwei Menschen in Not. Eine Mutter bekommt ihr Baby und hat keinen Platz, wo sie bleiben kann.

Doch dann geschieht das Unfaßbare. Plötzlich sind da Boten Gottes, Engel, die das Geschehen im Stall von Bethlehem deuten. Sie verkünden den Hirten, die in der Nacht ihre Schafe hüten: „Der Retter ist da!"

Was bedeutet das? Warum brauchen sie einen Retter?

Überall erleben wir heute, wie neue Rettungsdienste eingerichtet werden: Lebensrettung, Luftrettung, Unfallrettung, Wasserwacht. Das Leben ist so kostbar. Es ist auch bedroht, wenn Hilfe nicht im richtigen Augenblick da ist.

Aber es geht hier nicht nur um die Bedrohung unserer Gesundheit. Gott kümmert sich nicht nur um die Unfallgefahren. Ihn bekümmert, daß wir ewig verloren sind. Wir brauchen einen Retter, der mit göttlicher Autorität unser Leben aus der Gottesferne befreien kann. Allein Jesus kann uns gültig Schuld vergeben. Er allein kann uns im Gericht Gottes freisprechen.

Wenn wir die ganz große Liebe Gottes entdecken wollen, dann müssen wir Jesus, den Retter von Teufel, Tod und Sünde erkennen.

Nicht was wir schenken, ist wichtig, sondern was Gott uns schenkt.

Jesus, der Heiland, kommt zu uns und möchte unser Retter sein.

Sieh nicht an, was du selber bist

Sieh nicht an, was du selber bist
in deiner Schuld und Schwäche.
Sieh den an, der gekommen ist,
damit er für dich spreche.
Sieh an, was dir heut widerfährt,
heut, da dein Heiland eingekehrt,
dich wieder heimzubringen
auf adlerstarken Schwingen.

Sieh nicht, wie arm du Sünder bist,
der du dich selbst beraubtest.
Sieh auf den Helfer Jesus Christ!
Und wenn du ihm nur glaubtest,
daß nichts als sein Erbarmen frommt
und daß er dich zu retten kommt,
darfst du der Schuld vergessen,
sei sie auch unermessen.

Glaubst du auch nicht, bleibt er doch treu.
Er hält, was er verkündet.
Er wird Geschöpf und schafft dich neu,
den er im Unheil findet.
Weil er sich nicht verleugnen kann,
sieh ihn, nicht deine Schuld mehr an.
Er hat sich selbst gebunden,
er sucht: du wirst gefunden.

Sieh nicht mehr an, was du auch seist.
Du bist dir schon entnommen.
Nichts fehlt dir jetzt, als daß du weißt:
Gott selber ist gekommen!
Und er heißt: Wunderbar, Rat, Kraft,
ein Fürst, der ewgen Frieden schafft.
Dem Anblick deiner Sünden
will er dich selbst entwinden.

Wie schlecht auch deine Windeln sind,
sei dennoch unverdrossen.
Der Gottessohn, das Menschenkind,
liegt doch darin umschlossen.
Hier harrt er, daß er dich befreit.
Welch Schuld ihm auch entgegenschreit,
er hat sie aufgehoben.
Nicht klagen sollst du: loben!

Jochen Klepper